Justin Larma

Kaartuu taivas

runoja rakkauksista

FSC
www.fsc.org
MIX
Paperi vastuul-
lisista lähteistä
Paper from
responsible sources
FSC® C105338

KAARTUU TAIVAS

Kustantaja: Books on Demand GmbH, Helsinki, Suomi;
Valmistaja: Books on Demand GmbH, Norderstedt,
Saksa. ISBN 9789523303201

Kaartuu taivas

runoja rakkauksista

Vaiti kuuntelen,
kuiskiiko luonto sen
mi tuntuu oikealle

Kaartuu taivas

Ota valo elämääsi
kulje rauhanpolkusi
mittaamatonta matkaa
levollisin mielin

Katso kuinka kaartuu
taivas ylläsi
puiden varjot
tiesi yli

Jälkensä jokainen jättää
pienikin, huomaatko
lumisessa maisemassa
jänön jäljet hangessa

Sama aurinko
sulattaa yön aamuun
päivän kilo
nukuttaa illan yöksi

Mestarit

S anojensa takaa
mies kuiskaa,
että elämä kuljettaa
jos siihen uskaltaa
sukeltaa

antaa virran kelluttaa
lopulta mestarit
palkitaan
kukin ajallaan
vuorollaan

elämänlanka haurastuu
katkeaa

kehräksi kuun
valoksi auringon
kimmellykseksi tähtien
vienosti loistamaan

Huomenessa

Utuisana kelluu usva
peltojen ja metsien yllä
kosteutta tihkuvat sormensa
oksistojen sovassa
kun hämärä hitaasti
haipuu valon tieltä

Kainosti kuusten kainalossa
maatuvat ruskanokraiset lehdet
etsiytyen ruskeaan maatuvaan
multaan

Pysähtynyt hiljaisuus viipyy

kunnes lounatuuli nousee,
tarttuu oksiin, niitä liehuun nostaen
kiikkuen kävyt keinuunsa tyytyvät
kainalossaan harakanpesät

Aamuaurinko horrostansa karistaa
herättelee päivää alkavaa

Aamu

M ustana möllöttää
hella, luukku raollaan
tulta vilkuttaa,
pian lämpöä luovuttaa

Ritisevät tuohiset klapit,
tulen kourissa mustuvat
hehkuen kekäleiksi,
viimein vaimeten tuhkaksi

Tuhisee kahvipannu
pannurenkaan päällä
ja hönkii herkullista
huumaavaa tuoksuaan

Höyryää kupposessa
aamukahvi, pakkasaamu
heräilee vitkaan yöstään
vitivalkean narskuvaan päivään

Tarpeen

Pystyyn hakattu
varreltaan vääntynyt
ruostunut rautanaula
puolilahon hirren kyljessä.

Mielipahan varjo pyyhkii
mutkaista kohtaa
ajatuksen tyvessä, sen
harmaantuneessa halkeamassa

Siinä seisoo
kesät talvet
sateet, paisteet ja pakkaset
tarkoitukseton

Kevät kirmaa sirkutuksineen
ripustaa palttoonsa
hentoon riipuntaan
ja naulalle tarkoituksen

Ylpeänä ruostunut
kokee hetkensä
hyväksynnän
tehtävänsä

Nitise, natise vuotesi

kipuu narahtaa
painon alla,
askel kynnyspuulla
saa sen soimaan,
hetken
ja palaamaan takaisin
hiljaiseen
hurskaaseen
ikäänsä
kunnes tulee toinen
ja antaa sille uuden
mahdollisuuden
soittaa ajan patinoimaa
kiiltäväksi kulunutta ja
oksien kukittamaa
muotoansa

Satavuotinen tehtävä,
vielä puuttuu kokemus
töräyttää syvää bassoa,
niin on laiha isäntä.

Aukenee vielä

Siellä se on
allani
kitisevä kynnys
toteaa nariseva ovi
roikottaen
ajan patinoimia ruostuneita
saranoitaan
joiden varassa se nitkuen
avautuu
milloin vähitellen, kuin varoen
milloin seinään reippaasti tömähtäen
ja naulojen kannat
vikisten

Harvoin se saa tehtäväänsä
suorittaa
ei vanhaan romuaittaan
kenelläkään ole asiaa

Päivänvalo kurkistaa katon reiästä
reunoillaan vanhoja päreitä

Tänä vuonna

Etuovesta se on tultava
ja kuunneltava äänet
nekin
jotka takapihalle
eivät yllä

Talvi

Höttöistä lunta
puolitoista metriä
portaasta
kuin ylikohotettu
paahtoleipä
ilman hilloa
kahdella
jäniksen askeleella
ja hiljaisuus,

se ei kuulu

Tuisku

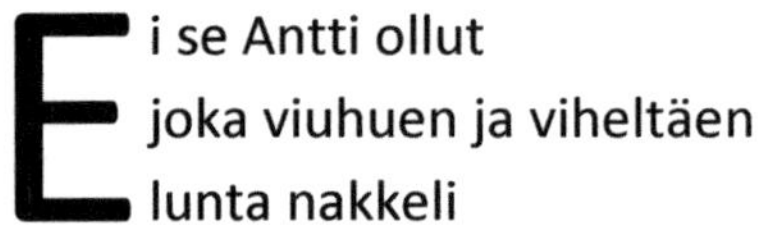

Ei se Antti ollut
joka viuhuen ja viheltäen
lunta nakkeli

Tuli talvi
ja talvikeli

Yksinkertaista elämää

Lämpö tulvii
puuhellan
valurautakannen alta
koivuklapien kekälöityessä
sen sisuksissa
punaiseen hehkuunsa

Kattilassa
liedellä
porisee hernerokka
kinkkupaloja ja herneitä
hellästi
pehmennellen

Saapuu ehtoo
sammuttaa päivä valon
ja sytyttää tähtimaton kajot
yksitellen
tummuneen maiseman ylle
kertomaan miljoonia tarinoita
matkaansa tähdistä suunnistaville

Lämpö hehkuu
pönttöuunin kupeissa
odottaen eläjiä yöunille
mielikuvitusmatkoille
kunkin omalle

Talvikuu

Tammikuun hiljaisuus
ennen ja jälkeen
pakkasen puraisun

Taas hiipii kylmä nälkään
jähmettää kaiken
kovettaa veden jäähän
hanki askelta kantaa

Vaiti on luonto
lintujen lento
vaipuu horrokseen
oksa hento

Tykkylumen alle
piiloutuu oksien vihreys
lymyää painolastia
kantaen kuormaa ankarasti

Lumivaipassaan maa
pienet piilottaa

Lämpöä

Huolisinko elämän kylään
tuomaan sen hetken ilon,
joka oli livahtaa ohi,
kun talvi tuli tupaan
ja unohdin sytyttää tulen
takkaan.

Vilusta hytisen. Vapisen.

Eilen kuolema kurkisti
huoneeseeni
lakastutti kukat ikkunalla
Nyt tuikkivat
lumitähdet verannalla
huurukruunut päivän yllä

Hitaasti sulan. Lämpenen.
Elämä tulee kylään.

Kimmeltää

Veden kimallus
häikäisevän tyyneyden voima
selkien yllä
yötaivaan tähtimatto

Astu hiljaisuuteen
hopeaiseen purteen
onnen venheeseen
matkalle tyveneen

Rusko

Punaiset pilvet
Ylläsi leijuvat
taivaan ikkunat

Peittävät
sun silmät,
tähdet lentävät

Lopuillaan

Routainen syksy
koettelee urkupillien sointia
huurruttaa polkimet
lipeäväksi kanttorin ikäväksi
enkelikuoron lauluksi
pilviltä kuultavaksi

Räntä sataa maahan
pakkanen viiltää kesän kurkun
pohjoistuuli vinkuu käheänä
ennen lunta
vajoat unen pumpuliin
karkuun ankeaa arkea

Jääpuikot kilahtavat
ropisevat palasiksi
murskaksi
sulavat pois
katoaa
kuin se elämä
jonka jätät elämättä

Talavi

Huurtuvat puut valakiaksi
painua lumen
oksat roikottaa
maahan asti

Jäniksen jäläkiä kahtelen
loikan pittuutta mittaan
naama rutussa funtsaan
ehinkö tuppaan
kiipiänkö portaat porstuaan
vasiten tuota jussia vahtaan

Eukko puurua keittää
jäljet pihan perälle lumi peittää
on talavi ja vitikeli
kohta laulaa sirkkeli
pölökyt pätkiksi

mutta ensin eineen nakkaan
nappaan

Touhuja

Talavella kylymä
nurkkija koluvaa.

Kesälä kävin mehtäsä
puita kaatamasa.
Monta runkua
haloiksi hakkaamasa.

Rahtasin rantteelle ja
liiterillä ne pilikoin.
Ison kasan lapeja pinoksi
halakoliiterin nurkkaan.

Siitä sitten sylillisen
kannoin tuppaan.
ja sytytin raasun
kamarin takkaan

Nyt lämpyä pisaa

Kotiin

Kylmä
huurtaa poskipääni
ja leukaperieni
harmaat ihokarvat
valkaistuvat pakkasessa
olen yhtä syksyllä niitetyn
talvilevossaan uinuvan
sänkipellon kanssa

Hoipun jäykistynein askelin
narskuvalla polullani
vältellen tykkypuiden
hyytävää talvipesua
ja niskaan noruvaa
lumen sulamisvettä

Oravien talviriehasta
sikiää hetken kidetanssi
auringonsäteiden pilkahtaessa
kultaraitoina sinenhohtoisessa
kaamosmaisemassa

Vielä tovi ja olen perillä

Kevyttä unta

Tuuli sinut sipaisi matkaansa
lentoon, läpi rakkauden pilven
joka tihkuu usvaista unta...
lunta, kevyesti leijailevaa
se putoaa hartioilleni
vuosien harjaksi

Vuorille on kuvitelmien
hyvä kiivetä
katsoa kohti valoa,
kohti valkeaa

Rinteillä urheasti
retkeäni jatkan
vältellen railoja, vyöryjä
pyörteisiä ajatuksia

hakkuuni luotan

Kimalteet

En sitä kuola valuen katso pakkasessa
henkeä salpaavan kaunista
pihakuusta valossa

Katson lumikiteiden huikeaa tanssia
oksien lumipeitteellä
tuijotan ja piirrän niistä
janan muistikarttaani
siihen, jota yksikään navigaattori
ei löydä

Minun aarteeni piilopaikan
sinä tiedät
katsot niihin tutkien joka päivä
hetkinä jolloin sulamme
yhteen ja valumme
nekuiksi elämämme räystäälle

tiedämme yhteiset
hetket kotikuusen juurella
punaisen tuvan onnen ja
salaisuudet
katseiden syvyyksissä,
jotka lauluiksi muuttuvat

Unelmien siivin

Haikailen
unelmieni lehdossa,
runsauden keskellä
josta puuttuu liki kaikki
suljen silmäni ja
kuvitellen toteutumia,
jotka tiedän mahdottomiksi
kunnes peli vihelletään poikki

Siinä liitelevät yksitellen
mahdolliset ja mahdottomat sanat
kutsuen tarttumaan tilaisuuteen
pian ohi kiitävään

Haikailen
enkä kykene päättämään
on päätettävä
alanko peliä jatkamaan
ja unelmista toden luomaa

Tie vie

Se polku, tie
sitä kuljen uteliaana
aina
etsien uutta
sen tutulta uomalta

Tänään vesipisaroiden kirjoma
pian kurainen rapakko
huomenna
kuiva koppura
astella
vastukset voitettava
yksinkin, tahdolla

En itke askeleitani
raskaiksi
toivosydän olen
positiivisuutta elän
kai olen
perusonnellinen
yksinkin

Tiedän jo
että aurinko nousee
jokainen aamu
ja jollei
ei minuakaan
silloin enää ole
olen
tieni kulkenut

Tulvii

S ehän se, pato!
Sanojen julmettu suma
alkoi purkautua
syksyllä kaksituhattaneljätoista.

Runoja, runoja
ja aina vaan runoja.
Mielenhyytymät saavat kyytiä
fantasia kiertyi leikkiin
antaa sanottavalle ryytiä.

Kuuletko, kun kerron?
Pato murtui!
Nyt tulvii!
ropoja kustantajalle
sanoja lukijalle
pennin venytystä kirjoittajalle.

Nyt, ennen ja jälkeen.

Ajatuslaukka

Laukkaa
pakkanen paukkaa
pultsari tenttua naukkaa
pakenee haukkaa
voi poikaraukkaa

Maukkaa

Kulki elämän kautta
lopun lautta
kohtaamatta hartautta
vanhurskautta

Olenko

Olenko muuttolintu
kevään virkeä sirkuttaja
kesän sulostuttaja, sikiäjä
syksyn kaihoa kylvävä poistuja
talvet kaukana?

Olenko pirttihirmu
aamunvirkeä touhukas
päivän pakertaja
iltaan uupuja
yön nukkuja?

Olenko lähimmäinen
joka rakastaa
ojentaa auttavan kätensä
luopuu turhasta
antaa sijan kotiinsa?

Vai olenko vain?
Kellun paikallani
lihoineni
nyytteineni
valituksineni.

Olenko avoin
tälle päivälle
huomiselle
elämälle
viimeiselle matkalle?

Tyyneys lepää
kiireen päällä
odotus ikkunassa
tähdet taivaalla
rakkaitteni rinnalla

Olen
elän
ajattelen

Ikävä sinua

R akas ystäväni
tämä huomen tykönäsi
on Ilonraita elonkumpareessa
äärettömän ääretön ikävä
sulaa lempeydeksi
syys

suven impyeksi

Vain me

Värjyn varjoissa
valoissa tumman illan
pilvenlonkaan katseessasi sukellan
taivaanrantaan kuljetaan
kuin aamu ei tulisikaan
vain me kaksi
uudestaan

Tärkeä posti

Suden kanssa
ulvomassa kuuta
suurkaupungin
korkeimman
talon kuparikatolla

leikkimässä varjokuvaleikkiä
usvahuuruisen
akkunalasin äärellä

kanssasi ritirinnan

odottaen yön ohi
haikaran tuloon asti

Red

Huikea punainen
syvälle vie pois

virtaa voimalla
värisevin sykkein

hehkua elonvimman

taipuu tyrskyt
tyyntyy pinta

hyytyy hyhmäksi
tummuu elonvirta

karmiinin rauha

Kosketus

evyt hipaisu
saa sinut
värähtämään

Odottamaan
seuraavaa
hellivää

Rakkauden lautta saapuu
se ui rantaveteesi
pehmeästi

Tanssivat lumihiutaleet
ropisevat rakeet
vesipisarat hellimmästi

Lämmössäsi viivyn
Uinun, kosketan
Viipyen aamuun asti

Oih

M ik on tuo valo
mik onni lämmön
tuta tykönään

En saata
mahda ymmärtää
sä jää, se nää

Tunne armo
Aisti olon tarmo
voima koruton

Salli sylin huuma
Aistien ilo julma
raastava viettelys

Maista riemua
syömmen kipuna
keijuin liitoa

Harsojen ja
huntujen yö
loputon

Pyyntö

Annathan katsoa
kuuta nousevaa
aurinkoa laskevaa
tähtien tuiketta,
iltaa tummuvaa
sun silmiäsi
joissa avaruus
tähtien lennot
linnunradat
loputtomuus

Onko onnella rajoja
kelluntapintoja
vai uppoaako siinä
tuntemattomaan?

Annathan katsoa

Annathan
katsoa

Sinun

Yö yön jälkeen
niin kylläinen
kylkiäiseni
läheinen

Aamu aamun jälkeen
valoisaa
kumppanini
lämpöinen

Päivä päiväksi
muuttuu
rakkaani

Iltaa
jo odotan
kun tulet liki
lähemmäksi

Kahden sinetti

Se onni
matkaamme siunasi
siivin lintujen
liisi yli vuosien
herkin sipaisuin
kosketti tuntoihin

rakas meihin
loi se sinetin
tää riemu sydämen
saattoi meidät yhtehen

(M&M 13.12.2015)

Hän valitsi
tien kiharaisemman kulkea
etsiä onnea
mutkien takaa rauhassa
siinä tavallisessa arjessa
rakkaansa rinnalla

Järisyttävää

Sieluni maalaa
hurmiossa ymmärrykseeni
uutta maailmaa..

Tuoksusi sekoitti ihanat
värit loistamaan silmissäni
ja sokaisi pois
kaiken ruman
ja rosoisen

Tänään tieni on sileä
sileämpi kulkea
kulkea
kanssasi

Sieluni hyrisee
täyttymyksen hymniä
rakkauden rockia
salaisuuksien sinfoniaa
hei hei baby -balladia

Rakastanhan minä
ihan oikeasti
pakko tunnustaa
olen rakastunut

Korvissani pauhaa koski
sydämessä takoo sata rautavasaraa
käteni etsivät pehmeyttäsi
huuleni huulillesi hamuavat
raajamme toisiinsa
kietoutuvat

Sielujemme hurmiossa
maalaamme uutta
uutta maailmaa

Romantiikan rippeet

Kirkasotsaisten aikaa
kiharat koristaa
sateessa tikuiksi oienneet
pakkasessa puikoiksi jäätyneet
kevään tippuvat hanat
kesätuulessa hulmahtavat

Lentää ajatus poutapilven lailla
kevyenä lipuen huolia vailla
synkkenee syksyn ranstakka olkapäällä
liukkaasti etenee talven jäällä
keväällä sohjoon tarpoo
kesän tullen onneaan arpoo

Ihosi tuoksuu mansikalle
medenhehkua onnellinen
maatuu myskiksi syksyyn
haihtuu kiteiksi talven pakkasiin
vettyy odotuksiin kevään
kirmaa sävyin tuhansin kesään

47

On lempeä ilmassa
rakkautta riehakkaan syvää
syysiltojen takkatulet
talven loimottavat revontulet
kevättalven suvilumet
kesään soittavat tapulinkellot

Huntuna unelmat hulmuaa

Pelko

Kun palasin
palasina kamarisi ovelle
lukitulle
olin ymmälläni
kaivaten kylkeä kyljelleni
lähelleni

Muistan kosketuksesi
pelosta hauraan
haavoille hakatun
itkun
paon turvaasi ainoaan

Ja ilta laski hämärän
piilotti kasvosi
uksesi salpojen taa
sanoit pelottaa

Kuljin pois
apua etsimään
jäit itkemään
Tässä odotan edessä kamarisi
lukitun oven

Huhheijaa

Savuaa
kuumat ajatukset
polttavat
hehkuvat
hekuman huumaa
kipristelevät
kynsien alla
koskematonta
salaa
moraalin ja moraalittoman
kurimuksessa
kirkuen
vapautusta

pakkasaamuna
paljaat pakarat
betoniportailla

Rakastan kaikkea

Lippoan ilon mettä
sydän pakahtuen riennän
nuoruuden laidunta
kirmaten intoni perässä

Kurkotan huomista
malttamattomana hamuan
kaikkea mahdollista
toiset tyytyköön omiinsa

Maiskuttelen kehuja
runkoni rapistumattomia iloja
hersyn ja vuodan elämän janoa
rakkaudeksi kutsuttua

Voimani tunnossa
rakastan kaikkea, sinuakin
en osaa vihata vauhdissa
välittää ikkunoiden kaihtimista

Maailma sylissäni
sylissäsi elämäni
päiväni, iltani, yöni
katson aamulla missä herään

Toiveikas

Sulan maailmaasi
kevätlumen lailla
kesän kasvuun kosteudeksi
synnyttämään iduillaan olevat
haaveet, piiloutuneet unelmat

Vierelläsi kuljen
kuin multa juurillasi
humuksesta nousta

Silitä hiuksiani
paijaa poskeani
anna huulillesi lupa tulla
maistamaan valoa
elämän kesää

Sada sisääni
kaikki se tuska
riemu ja toivo
josta elämä syntyy

Leijun aamuun

Untuvatyynylläni
hiuskiehkurasi
tuoksusi

yö yön jälkeen
aamuisin
on ensimmäinen havaintoni

Ajatus leijuu
kevyenä ilmassa
kuin höyhen tuulessa

yö yön jälkeen
ajatukseni
liitää perässäsi

Kasvoni tyynylläni
tuoksussasi
unta hamuaa

yö yön jälkeen
aamuisin

Unessa

Saharassa tuulee
Saimaalla tuulee
hän luulee,
että sen kuulee
kun muistot lyövät
toiselleen kättä
yöunessa heräämättä

Teidellä sataa
Ylläksellä sataa
hän kantaa
painavaa rinkkaa
unta jälleen näkee
kiivetessä kauas katselee
horisontista ääreen

Aurinko loistaa veneeseen
kokassa istuvaan vanhukseen
uneensa
vaipuneeseen

Illan suussa

Kylki kyljessä kyhnytämme
iltaehtoota elämämme
kiikkustuolia natisuttaa
mittaa aikaa, ei mene hukkaan
notkistus nilkassa
nautinta kahvitilkassa
pullassa
nyt niin kovin paheksutussa
nisussa

Kylki kyljessä takkatulen ääressä
huopainen kangas hartioilla
fleeceä se taitaa olla
nimikoitu molemmille omat
liekö miettineet mokomat
ettei saman alle sovita
pitää ihan pohtia
ja rinnallesi
huopasi alle tohtia

55

Kylki kyljessä saunan lauteilla
on löylyt niin makeita
vihdalla pintaa huiskia
vesikuupalla ruiskia, jälkeen
hetki vilpolassa huilata
ulkona vieretysten istua
ja kuuta, tähtiä katsoa
nautiskella elon ehtoosta

Kylki kyljessä
yhdessä

Luuletko

En ajatellut panna
pensseliäni santaan,
on sille parempaakin käyttöä.

Voin maalata aurinkoa,
kuuta ja tähtiä
koko taivaan täyden,
kuvitella hiekkarannan ja
soutuveneen, kajakin

ja soutaa, meloa
liplattavalla selällä
loputtomalta tuntuvan matkan
kauas
kauas
luulon rajalle

kenties

Kuulomatka

Lilluu ajatustenvuo
yksinäisyyden uomassa
lipuen verkkaan
vanhat murheet muassaan

kiertyy
pikkupyörteisiin
tummanpuhuvina kutsuviin

takaisin pintaan pyrkii
kehnoimmatkin
umpikujastaan

Viruu virran pohjalla
unohdus
syrjäytetyt ajatukset

tumma virta kirkastuu
kevyemmäksi käy sointi
uskalluksen sanoiksi mielii
korvin kuultaviksi

Emmitty lemmitty

Juonikas rakkaus
kiertelee ja kaartelee
halun ja tahdon rajamailla
uskaltamatta,
uskomatta todeksi
vireitä sisikunnassa

empien ja vastuuta
peläten se pakenee
selitysten ja tekosyiden
taakse lymyämään
vaikka tahtoisi elää
kaiken täysillä

kuinka suloinen
onkaan se tunteiden virta
odottaessaan täyttymystä

Yhtä kaikki

Rakkauden viittaa
sovita harteillesi
vyötä vyöksi
uumallesi
kiedo ymmärrys
rauhaksi
sydämeesi
tuhotun
onnesi
tilalle

Se taivas
on sininen
kaikille yhteinen
polut ja virrat
sen alla
vuoret, laaksot
linnut korkealla

onneni
maatua
mullan alla

Paljon enemmän

Pieni hetki
lyhyt hetki
tuokio kanssasi

kuin ikuisuus
tanssi
lopun elämääni

Askel uuteen

Yön pimeässä hämärässä
askellan tykösi
narskuvin kengin
merkitsen katuun kulkureitin
kenpä arvaisi minne,
mihin askeleet viekin

Aamun sarastaessa palaan
jälkeeni huomaan
kissoja kulkeneen
istuneen ikkunoiden alla
nyt tipotiessään
jatkoivat kulkuaan, maukujaan

Päivä jo pilkottaa
pilvet väistyvät taivaalta
valo valtaa maisemaa
sinä muistona minussa
minä sinussa synnyin
matkalla
uuteen maailmaan

Soi soi soi

Horjutit tasapainoani
Nyt ravistavat
hekuman aallot sisintäni

Varjossakin paistaa aurinko
ja sen lämmössä kylpevät
tuhannet perhoset
vatsapeitteitteni alla
piilossa

Et sinä sitä näe
et kuule
et havaitse

Kun sirkkojen soitto kiihtyy
ensiviulun jousi soutaa
jo seuraavaa
kimaraa

Etsimässä

Kumaraisena kuljen
kyljet kulkijan kyljessä
pimeässä etsien
turvaa

Länsituuli kuiskii iltaa
idän aamun
kuu nousevan auringon
tähdet yöstä päivän alkavan

Kumaraisena kuljen
kanssa ikävän
hymysuisen selittäjän
kädestä pitäjän

Onnenverho häilähtää
kertomatta enempää
usvan takaa
seestyvää

Onnen etsintä

Hän valitsi
tien kiharaisemman kulkea
etsiä onnea
mutkien takaa rauhassa
siinä tavallisessa arjessa
rakkaansa rinnalla

Puujalkaansa piilotti
salaisuuttaan retuutti
vuodet kulkivat
kasvoivat muratit
ruusupehkot runsaat
takapihalla

Hiki helmeillen otsalla
punnersi keloa
ikipuuta ylhäistä
kantoa puski mättäästä
viimein porisi puuro
liedellä

Siinä istuivat
kiikkustuolissa
omassa tuvassa
kaksi armasta
elämänsä lopulla
levollisen onnensa huipulla

Aina muistan

S inä unohtumaton
elämys vuosien takaa
ponnahdit muistikuviini
nuorena ja lempeänä
suvituulena aivoituksiini
timotein kukkien
tuoksu mukanasi

Heleän taivaan sini
kirkasti poskipääsi
valaisten kasvosi
pellavaisten hiustesi alta

Hetkeksi sinut unohdin
hullaannuin ajattelemaan
sataa kaltaistasi
sateisella naisten kympillä
paidat liimautuneina
hehkeitä rintoja vasten

Nyt katson
sottaisen ikkunan läpi
epätoivoisesti
valoa sylkevää kuuta
repaleisten pilvien keskellä

Sinut taas muistan

Ohi on

Pelmahti perkeleet
verenhimoiset
lepakot yössä

Nirhasin sanoillani
sielusi tarhaa
viikate viuhuen

Ei yhtäkään kortta
jäisi kasvamaan

Ei enää

Muutos

Tahdon
TAHDOT
Tahtoo

Pitäisikö
yrittää
ymmärtää

DRAAMAA

joka elämän
toiseksi
järjestää

Alku loppuun

Niin kuvittelin
että kaiken sinusta
tietäisin

astuit
miehen tontille

yritit saappaani täyttää
kenties maailmalle näyttää
et valta kuuluu naiselle

ei pirttihirmun rooli riittänyt

Salamyhkäinen

Hämärän hukka
kaipaa yön tummuutta
sala-askeltensa siivittäjäksi

piilopaikkaansa tuskin
paljastaa kun sulaan tassunsa sujauttaa
kätköön aarre,
parempaan

kaato mikä kaato
nauttii tekosensa
pian unohtaa
yöhön katoaa

Näin käy

Katumuksen verhon takaa
on myöhäistä miettiä
kuinka näin kävi
sillä oksa versoo jo
uutta huomista

Metka

R äntäsateessa kirvoittuu
valkoisten valheiden hurma
sanojen tulva
joka totuudesta haavoittuu
sulaa pois
ennen kuin huomaatkaan

Jäätynyt elämä

Hehkuvat posket
kalpenivat
urautuivat
kurtistuivat rusinoiksi
puuterivoiteen peittämäksi

hauraaksi naamioksi
kukkeus lakastui
            jäätyi
kutistuviin uomiinsa
ikijääksi
lasikaton alla

Ei uskalla

Se on vettä vaan
vaikka jääksi jäätyi
sellaiseksi tikkuiseksi
haperoksi

ei sillä uskalla kävellä
edes rakkaansa luo

tänä kiimaisen kevään
kuutamoyönä

Muistatko enää

Muistatko kuinka
katsoit haltioissasi
hänen käyntiään, askellusta
joka vuosien saatossa
tuli niin tutuksi
että varjoissakin
sen tunnistit

Muistatko kuinka
raavaan miehen
tuoksu tunki nenääsi
merkitsi rakkautesi
valtasi hyväksyntäsi
ja vain
pyykinpesukone
teki aistimukseesi tauon

Muistatko kuinka
odotit epätietoisena
aamuyön hämärässä
tuttuja askeleita
kotiovelle saapuvaksi
ja yhä odotat,
niin paljon rakastat

Uuden alku

Sinä mennyt
vapautit minut
löytämään ne polut
joita en tuntenut

Jälkeesi hetken harhailin
kunnes itseni kasasin

Mieleni haluaa yhä itkeä,
juosta perässäsi
itsesäälin vuorelta
onnesi laaksoon

Ei onni ole luonasi
se kasvaa sydämessäni

Versoo elämääni
uusi kunnioitus
kadonneen tilalle

Vaikka hyvää koimme
emme olleet luodut toisillemme

Hyvän voi löytää
rauhan suoda itselleen
haikailematta eiliseen
kun sen myöntää

Uudet polut kuljettavat
maailman avaavat

Sinä mennyt
vapautit minut

Raadolliset

Elämän virrassa
uomat syvät
yllättävät

No huh huh

Väärää ruokaa
väärään aikaan
asetettuna väärään paikkaan
sai pienen eläimen maistamaan
se joutui ansaan kavalaan
kulkee ongenkoukku mahassaan

On ihmisen julmuus rajaton
piiloon pötki kasvoton
raukka
munaton
kohteena on avuton

Suree kettu poikastaan
koiraemo pentuaan
varis raakkuu tuskiaan
harakka ei enää naurakaan
kissa jää palaamatta matkaltaan

On kylä huolissaan
Raukka jatkaa pakoaan

Kolmetoista yksitoista

Linnoituksien vahvat muurit
hapertuvat tomuksi
    unelmien sortumaksi

surun ja murheen äärellä
verivanojen virratessa
    unelmieni kaupungissa

tutun patonkikaupan portailla
odottaa karu tyhjyys
    kukkameressä
    yksinäisyys

luotien laulu on päättynyt
vilkkuvien valojen kirmaan
    vievät pois heitä,
    joita ei enää ole

vain muistosi
Pariisi

Ikuiseen

S en tuoksu huumaa
sen puna
saa posket hehkumaan

Ruusu
rakkauden ja intohimon kukka
ikävöi haudallasi
eilistä onneamme
murskattuja unelmiamme

Notre Damen kellot
soivat

Etsii

R auhankyyhky
arjen yllä
leijuu

yksin

etsien sinua
sotaisa
sottasuu

vain sinua

sanojesi
ja vihasi
suoltaja

Julistajat

Hiljaisuus korvissa huutaa
äänettömän läsnäoloa
kirkuu kaduille
äänekkäiden kuoroon
päriseviin päiviin
pakokaasuisten joukkoon

mesomaan aatteestaan
kettutarhojen porteille

kahleet kintuissa
henkisessä vankilassa
passiivia vastustamassa
hihhuloimassa

ota ja ymmärrä
tämä elämä

Uskon kohtalo

Hurmeiset kentät
härmäisinä historiaa toistavat
kun veri etsii uhriaan
syvältä historian yöstä

Uskon varjolla
veli mestaa veljeään
henkiä tuonelaan

Maaäidit itkevät
lastensa haudoilla
miestensä ja poikiensa julmuutta

Tallatut ruusut kummuilla
huomassaan rusentuneet neilikat

viimehenkäyksin hiipuvat kynttilät
lepattaen kansansa kuolemaa

Yön jälkeen kuitenkin
surusta nousee
toivon aamu

Isät, pojat

Isät katsovat poikiaan
sukunsa jatkajia haudoillaan
vierailijoina kummuillaan
isät katsovat

Muistot humisevat
hiljaisuuden puistossa
tummien paasien yllä
sateinen marras

Pienen lyhdyn hento valo
yrittää lohduttaa
pimeästä saapujaa
pojat katsovat

Isät lepäävät haudoissaan
laidalla kirkkomaan
sankareina isänmaan
niin sanotaan

ja pojat leikkivät
taas leikkipyssyillään
sotiaan

Velvollisuuden vanki

Velvollisuus
pojalle pakollinen
ohjaa elämää
tuhoamaan elämää
nousemaan rooliinsa
nousemaan panssarivaunuihin
tarttumaan aseisiin, rooliin
jota odotetaan

Rauhankyyhky olkapäällään
kulkeva nyyhky

Poika tunsi pakon vääräksi
valitsi toisen reitin
sen, jonka tunsi sydämessään oikeaksi
ja hylkäsi tarjotun mallin
halusi maailmaa rakastaa
kasvattaa rauhaa
ja olla osa
jotain suurempaa kuin
materialistinen tuho

87

Nyt hän istuu kahleissaan
kärsii tuomiotaan
kun halusi välttää julmuutta
naivia pahuutta

Istuu kyyhky
ristikkoikkunan takana
odottaa
vapaana

Draamaa kauhua

Kaadettiin malja
elettäväksi toisin
kuin oli toivein koristeltu

Vei polku varjon puolelle
vaikka antoikin toivon
joskus ikävän välimaastoon kurkistaa

Kylpyhuoneen vedensolinan
katkaisee moottorisahan karjaisu
kerrostalon lukitut ovet tärähtävät

Pako on ainoa toivo
kolmannesta kerroksesta
ikkunasta tai ovesta

Akka saatana hankeen kakaroineen
pakoon viikottaisine kauhuineen
surkuteltavaksi, säälivien katseiden alle

Yksin se meuhkaa elämäänsä palasiksi
hän joka juoppuhulluksi varttui
sodan vihat aivoissaan

Niin julmaa

Käy saaliisi kimppuun
ota, ennen kuin muut
ehtivät
olisi ennen kuulumatonta
hävitä
voittoihin tottuneen
ja tulla kotiin
palkinnotta
ilman pokaalia
jolle kaatokaapissa
on tilaa

Käy kimppuun
saaliisi odottaa
kiehkura otsallaan

Vaan tuskin tästä
pokaalia jaetaan

Koura koskee syvimpään

Sairas mieli

Villipedon vietillä metsästää
sen minkä yössä ennättää
viis veisaten niistä
joihin sattuu

Ja toden totta
osuu ja sattuu

vaikka soheltaen tähdätään
ei tosin aina oikeaan, läheskään

Kylähullua hetki siedetään
pois potkittu viattomuus
vie taas pimeään
kunnes peli poikki vihelletään

Sirra huutaa yössä

tuskin kukaan syytä ymmärtää
kuinka sairasta päätä kiristää

Peto

Myrkkyjen riivaama ruumis
saa sydämen sykkimään
kiivaana
tahdon myllyn jauhamaan
yhtä ja samaa
pinttynyttä mustasukkaisuutta

Sanojen raateluhampaat rouskuttavat
menneitä aiheita, valheita
nostavat ilmoille uudestaan ja uudestaan
räyskävän koiranhaukun,
ulvonnan, jossa susilaumakin
jää toiseksi,
kunnes

nyrkki heilahta
   on hetki hiljaista
      peto on iskenyt

soivat katumuksen kellot

Ei lupaa

Ketale
se on mies
kyrpäkyyryssä
puskissa
norkoomassa
vaikka ties
ettei ole oikeutusta
lupaa
edellytystä
rokonarpisella
muukalaisella
toimia kuten vuorilla
sissinä taistella
ja naisen lihaa raadella

Kiihko kuitenkin
sisällänsä palaa
salaa
ja uskoa valaa
ottaa
mitä tahtoo

ja
pohjoisen neito
sinisilmin katsoo
kiehtovaa unelmaa
villiä ratsastajaa

Tuho tulee tuulen lailla
pelko sisälle
kun tahto viedään
suoja
unelma
murskataan
pakotetaan
antautumaan
tekoon julmimpaan

Saalistajat

Ei pimeä ole
pimeä
Se on täynnä
valoa
Kissan silmiä
Yöeläinten metsästystä

Niitä
jotka katoavat aamuun

Niitä, jotka nukkuvat
uutta pimeää
Herätäkseen yön valoon
saaliin pakoon

kadotakseen uuteen
aamun valoon

Yhtä kaikki

Rakkauden viittaa
sovita harteillesi
vyötä vyöksi
uumallesi
kiedo ymmärrys
rauhaksi
sydämeesi
tuhotun
onnesi
tilalle

Se taivas sininen
on
kaikille yhteinen
polut ja virrat
sen alla
vuoret, laaksot
linnut korkealla
onneni
maatua
maan alla

Rakkauden haamu

Hapettunut kuparilanka
kieppinä hiuksillasi
letin tukena
liivin hakana
salaisuuksien varjona
lukkona uksellasi
minä
hämärän soutaja
ilman avainta
kuuraisena aamuna
portillasi
valoa odottamassa
lämpöösi kinuamassa
täynnä toiveita leijuen
kuin korppi
tummien kuusten yllä

Juhlavaa

Keltaisen kietaisuhameen kulmassa
nököttää musta nappi
kuin yön hylkäämä siankärsä
jouluporsaan jäänteenä

Vilauta mustaa enemmän
niin synkkyys tuntuu tutummalta
yltä, päältä, alta
viimein ihan juhlavalta

Kun avaat napin
ja keltainen valahtaa alas
häkellyn taas
odottamaan
enemmän kuin saan

Viimein lähdet
ja se jää
musta
jää

Ylpeän päivä

Otsassani
ne viisi viirua vakoina
puronpohjina
hikipisaroille

Kun työ on valmis.
pyyhin ne kuivaksi
siitä alkaa erämaa
missä työ päättyy
ja viljava maa katoaa

Silität otsaani
täytät puroni
viisi viirua hikikarpaloilla
joista ei ole apua

Kuitenkin teemme sen
totutun, turvallisen
jotta mikään ei muuttuisi

Selität sanojani
itsellesi parhaaksi
petolliseksi hymyksi kiiltokuviin
Olet ylpeä siitäkin

Hetki

Tässä vielä äsken
pois kiiruhti aika
uuteen

Rakensi sillan
muiston kulkea
yhteyden ajatukseen

Arvokas hetki
eletty pois
menneeseen

Tulevaisuuden ovella
askel on otettava

Juuri nyt
on se hetki
- ja luoksesi palaan

Edellinen

Ne varjot
toinen toistaan pitemmät
kurkottavat
toisiinsa sulavat

Hetki sitten olit samanlainen
Nyt on aikaa
Kohta on sinun vuorosi
Niin se vaan menee

Yksi mukava
Seuraa toista
Varjot syntyvät saloista
Tosiksi

Katoavat
Palaavat
Kasvavat
Katoavat

Yksikin mukava
Ja olet onnellinen
Kuin se edellinen oli

Ajan taakka

Aika riensi kohti uutta
moni kompastui sen kynnyksellä
nousi ylös ja sinnitteli mukana
osa voipui matkalla
ja aika jatkoi
matkaansa

Se sai seurakseen
uusia sukupolvia
uusia tapoja
oli aina joustava
usein turhautunutkin
ja aika ajoin perin vakava

Iloisista päivistä aika riemuitsi
toivoi enemmän empaattisuutta
ystävällisyyttä
lähimmäisen rakkautta
mutta ymmärsi myös
kun jotkut halusivat sotia
tuhota maita ja mantuja
koteja
niin vain kävi
aina välillä

Aika sai taakakseen syytöksen
ja petoksen
jonka varjolla ihmiset tekivät
kaikkea hurjaa sanoen
"Nyt on sellainen aika" ja
"kuuluu ajan henkeen"
tuhota, olla mukana

Ja aika jatkoi matkaansa
ja kantoi taakkaansa
kohti uutta huomenta

Armoilla

Kaikkeen on syynsä
kunpa ei minua koskisi

Rusentaa

Kuse kintuille saatana
jos et muuhun kykene

riehuntavuosiesi jälkeen
viskin höyrystämät aivot
lyövät tyhjää

tupakanhajuinen hönkäys
ainoa muisto
voimavuosista

sekin syöpäisten keuhkojen
epätoivoista pihinää
räkäklimppien
taistelua ulos pääsystä

Kuse kintuille saatana
apu tulee
jos on tullakseen

Ja juhlat
ne jatkuvat

Väärä askel

Rujoutensa juurilla
selkä kumarassa
kivusta, iskias taas
kiusana kun
otti otteen liian kumaran
lihasmassa petti
heikoimmasta kohdasta
loikatessa portaissa
askeleen aikaisen
maahan tulon kuvitellun

Nyt kumarainen irvistää
selkää kivistää

Terve mies Tyngältä
sanovat kylällä ja
komiasti tukanharja
korkeuksissa hilipasee päin tuulta
On se terve mies ja komia

Rappu narahtaa
on hiljaa ja vielä hieman parahtaa
myötätunnosta
kuin todisteeksi
miehen rapakunnosta

Inventaari

Polkusi päässä
herneen kokoinen elämä
iduilleen kuollut
rakkauden nälkäinen
kurkottamassa hämärästä
kohti valoa

Rikki revityt unelmat
riekaleina
mielipahan repussa
painavat olkapäitäsi kumaraan
taakkana loppumetreillä
unohdettuna
heitteillä

Vuoteesi päässä kyltti
nimi, numero
rivi vanhuutta
sorsat kyljellä, vierellä
läikkyvät ureaa

Tahaton hiljaisuus
mykkyys
salin täysi

vieno valitus
huokaus
ehkä se viimeinen

vapautuva paikka
vuodeosastolla

Ulkona kaikki hyvin

Hiljaisuus painaa askeleita, kun
raahustaa ikävuotten painolastin
alla
maan vetovoima pusertaa hien pintaan,
koskee rintaan
edistyy matka valittaen valittajalla

Happikylpy pakokaasuisessa kaupungissa
sanovat sen olevan terveellistä
jatkan köhimistä, vältellen tönimistä
on tämäkin elämistä
kulkeminen sairaana ruuhkissa

Mainosvalot vilkuttavat markkinahumua
päässä takoo, suu kuivuu
henki salpaa, nitrot kaivaa
penkille istuisi, jos olisi
ei auta muu kuin maahan polvistua

Utuinen valo leijuttaa
enkeli kehtoa keinuttaa, pilven reunalta
kurkottaa
vanhusta kotiin odottaa
ambulanssi, pillien soidessa,
kehoa lasarettiin kuljettaa

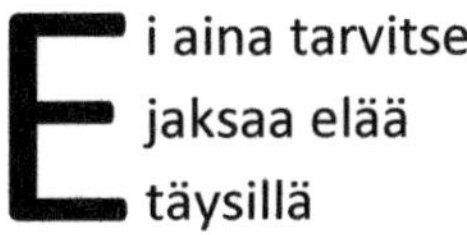

Ei aina

Ei aina tarvitse
jaksaa elää
täysillä

Silloinkaan
tai milloinkaan
jos voimat
eivät riitä

Kun kumara
ei oikene
tai askel tokene
vain ole

Se oikeus
on sinulle
suotu
yleensä

ei aina

Kadotettu

Kuljit pystypäin elämän keväässä
uskoen nuoruuden voimaan
kaikkivoipaisuuteen
jolla valloitetaan koko maailma

Hymysi sulatti
järeimmänkin jermun jääkasvot
pehmeän hyväksyviksi,
lähes isällisiksi
ja tätien sydämet läpättivät

Sitten tuli hän,
joka valloitti sydämesi
kiharoi hiuksesi sormillaan ja
sekoitti mielesi pitsiunelmillaan
huumasi viettelyksen hurmalla

Hymysi katosi
Jouduit liekaan, josta ei ollut paluuta

Lopun todisteena
ruumiisi äärellä
nuutuneet kukkaset

Rauha

Keltainen aamu
vaateparsi
vuoteen reunalla
odottaa
odottaa

pukija saapuu
puettavaa ei olekaan

piirsi kuvan seinään
lähteissään
auringon säteillään

lämmittämään

Mietityttävää

Sitä mietin
miksi pitää miettiä
tuumia ja
taivastella

mieltä osoittaa ja
sormin osoitella

suutansa soitella
voivotella ja
jatkuvasti kilvoitella

eikä kuitenkaan
ole hyvä olla

Julmurin kosto

Odotuksen kettu viekastelee
panee polvilleen
aika rakoilee
haihtuu

Torkut huomaamatta
nukut valvoen
lähtökellosi
tikittää

Juhlat pääsivät vauhtiin
ja päänahkaasi
arvotaan
valheenvirrassa

Luulit kelpaavasi
mutta aika
ajoi ohi
lopullisesti

Valtiatar

Kun arjen harmaus samentaa
ja sumentaa mieltäni

Sinä kirkastat värien merkitystä,
pieniä ilonraitoja,
joita tarjoilet huvikummultasi

Valosi loistaa kauas
sateenkaarena taivaalla

Harmaus ei jätä rauhaan,
se kurkkii mieltäni omaan
ankeaan tanssiinsa

Ja niin pyöräytät harmaani
värikimaraksi

Intohimon laava virtaa ja sytyttää roihun,
houkuttaa tuliseen sambaan,
letkeään jenkkaan ja polttaa
mieleni karstat

Nostat värit kumpujen yöstä
valoisaan päivään

Haikailua

Kuinka korkealle kuuluu
veisuni, itkuni, ilon purkaukseni?

Jos kotkana liidän
varmaan sen kerron,
kun manailen, kenties ohjailen
kulkemaan kulloinkin
oikeaan suuntaan,
tarkkasilmäinen kun olet.

Ilmavirtoihin huutoni annan,
liidokiksi, viestin viejäksi
karjun kivusta kumartaen katumusta
leijun kanssasi kauas
vailla uupumusta
kunnes ylitämme taivaanrannan

Ajatukseni seikkailevat
Minä en

Etsii paikkaa

Etsivät sanat paikkaansa
ajatuksien virrassa
kirjoitetuissa lauseissa
julki puhutuissa teksteissä

Yrittävät selittää ymmärrykseksi
tuntemuksia
toivomuksia
tapahtumia
oivalluksia

Kun sanat koskettavat
ne löytävät
sinussa paikan
hetken
tunnelman
syyn olla olemassa

Kuin kuohuva koski
sanat ryöppyävät
sinusta, minusta, meistä
vimmaisesti etsien
hyväksyntää
yhdenmielisyyttä

Joskus viha ja raivo
niitä viimeistelevät
murhaavaksi
meteliksi
jota sitten vuosikaudet selitellään

Sanojasi odotan
niille paikkaa rakennan
rakastan

Kääntyy

Kuuntelin ääntäsi
sanoja,
kuin sapelin iskuja
kaksintaistelussa,
kipeästi sivaltavia
satuttavia.
Kuuntelin ja katosit.

Palaat sanoinesi.
Puserrat hellyyttä viesteihisi
kylmän kankean käntein,
huurrutat loputkin
tapat vähäisenkin toivon.

Myrkky virtaa suonissani
sapelisi pistot märkivät,
itkevät veri-ikävää, kunnes mieli hyytää
sanasi, purkaa padot ja päästää raivon irti.

Lempeänä tuulena se saapuu
syleilyynsä sulattaa terävimmätkin miekat
ja peittää unohduksen hiekkaan.

Kuuletko paratiisilinnun laulun?

Väärä luulo

Rujoutensa juurilla
selkä kumarassa
kivusta, iskias taas
kiusana kun
otti otteen liian kumaran
lihasmassa petti
heikoimmasta kohdasta
loikatessa portaissa
askeleen aikaisen
maahan tulon kuvitellun

Nyt kumarainen irvistää
selkää kivistää

Terve mies Tyngältä
sanovat kylällä ja
komiasti tukanharja
korkeuksissa hilipasee
päin tuulta
Rappu narahtaa
on hiljaa ja vielä hieman parahtaa
myötätunnosta
kuin todisteeksi
miehen rapakunnosta

Askel uuteen

Yön pimeässä hämärässä
askellan tykösi
narskuvin kengin
merkitsen katuun kulkureitin
ken arvaisi minne,
mihin askeleet viekin

Aamun sarastaessa palaan
jälkeeni huomaan
kissoja kulkeneen
istuneen ikkunoiden alla
nyt tipotiessään
jatkoivat kulkuaan, maukujaan

Päivä jo pilkottaa
pilvet väistyvät taivaalta
valo valtaa maisemaa
sinä muistona minussa
minä sinussa synnyin
matkalla
uuteen maailmaa

Pulman edessä

S e on vettä vaan
vaikka jääksi jäätyi
sellaiseksi tikkuiseksi
haperoksi
jolla ei uskalla kävellä
rakkaansa luo
edes kiimaisen kevään
kuutamoyönä

Rakkauden haamu

H apettunut kuparilanka
kieppinä hiuksillasi
letin tukena
liivin hakana
salaisuuksien varjona
lukkona uksellasi
minä
hämärän soutaja
ilman avainta
kuuraisena aamuna
portillasi
valoa odottamassa
lämpöösi kinuamassa
täynnä toiveita leijuen
kuin korppi
tummien kuusten yllä

Nimen kirjoitus

Ruostumattomana kiiltää
muistojen teräs
kyljessä
kyynelten koristama
kuvajainen

Kyynelhelmet
noruvat puroina
rakkauden hiillokselle
sammuttavat viimeisenkin
kekäleen

Mustuneiden muistojen
tikari viiltää

kirjoitan nimeni
hiilellä
sen pintaan

Rottelo

Savensamea peltilehmä
neljällä pyörällä ja vararenkaalla
seisoo tutulla paikallaan
pihamaan kulmalla
vuosien likakuorma kupeissaan
katollaan rispaantunut teline
pari narunpätkää solmussa
sinettinä menneelle käytölle
kai joskus tarpeelliselle

Ei enää puna hehku
ei kiillä
ei häikäise kuin rumuudellaan
rottelo

Puunaisinko punaisen?
Tekisinkö romusta tarpeellisen?
Varmaan se kelpaisi jollekin.

Olisi se ainakin somempi katsella.
Puhtaana.

Rutku

Vuosia poljettu
kiivaasti hikoillen
ylämäet ja alamäet vapaalla
ilman vaihteita, jalkajarruilla
kissansilmän saattelemana
horisonttiin ja takaisin
kotiin

Pumppuvika, joskus
kumi ilmaton
täyttöön pakottaa
saa sykkeen mainion
vaan jos ois vanne pinnaton,
kumiton, siis tarpeeton
voi mahoton

Vinttaan tangon välistä
piittaamatta kelistä
pontevasti poljen
kohdettani tavoittaen
kilikelloa soittaen, vasemmalta ohittelen

liikennesäännöt kun sanoo niin
ja katoan horisonttiin

Tiu'uttaa

Kaksikymmentä plus yksi
ventiksi vetää
entiseksi täysi-ikäiseksi
josta kolmoset vähentää
nykyiseksi

Matikan metkut

Tusinaakin mietin kaveriksi
neljälle kaksoselle
tiuhun päästiin
vaan ventiksi vetää
kolmella kolmosella

Ei ole kalavale
jos kohta matikka
kaverina onkin

Runua pukkaa

Pirruuttani räknäsin
montako runua oon rustannu.
No en kumminkaan.

Mutta kehtaan sanua
että monta olen vuojen mittaan
kirjottanu, jos seittemättä kirjaa jo
vässään.

On se heleppua tietokonneella.

Mietipä jos mustekynällä kirjottas
ruutupaperille saman määrän.

Kiva kun kävit tämänki kahtomasa.

Etusivun mies

Tulloo looriaa
postiluukun täyvveltä
keekkiä

ku paskoo
navetan luukusta

kuvviin kansa
kielen sontoo

Haave tosi

Kultakurkku laulaa
penninvenyttäjän balladia
kapisella laululavalla
ostarin kupeessa

Haaveilee mustasta
Mersusta, limusiinista
ja kuljettajasta
paikasta takapenkillä
hikisen illan jälkeen

Aamuyöhön on aikaa

Laulut raikavat kevyinä
täynnä nostalgiaa ja taikaa

Fillarin rutku nojaa
roskikseen
kujalla

Aattoaamuna

Yön hämärä vielä viipyy
hiljaisuus kurkottaa hetken
rauhaansa pidättelee
piilossaan kinkku vielä muhii
lämpöasteissaan
aamua odottelee
väkeä heräävää

Piipittävät herätyskellot
aamun askeliin
muutaman tunnin kiireet
askareisiin vievät viimeisiin

Puuroaika

P orisee
hiljaa pulputtaa
puuropata liedellä
tuhahtelee kuumuudessaan
kun riisit turpoaa
maitoon sakenee
jo tontut nuuhkaisee
mantelia tähyilee
makua kohentelee
kanelia
sokeria
ripottelee
pikku kauhoin hämmentelee
pian puuro hupenee
aattoon päivä valkenee

Marmeladipoika

Vihreiden kuulien aikaan
valkoiset lumimassat
ryöppyävät taivaalta
vyöryvät tuulien mukana
ja peittävät maan
sokerinvalkeaan

Mietemetsään eksyneen
marmeladipojan on aika
suksia kuuseen
kauas pois
rakovalkeita kohti

Hedelmäinen

Luumuposki
kesän raikas
mehukas
talven kuivattu ruttu

Lihota minut juhlaasi
korota riemun humuun
herkuksi
haluttavaksi

Oikaise ruttuni
sipaise sieluni reunaa
elämäni kiisselissä

Kotkat ja leijonat

A patia ja hurmos
kansaa ravistaa
riemuissansa kiekkoväki
leijoniaan stadionille odottaa
mahalaskua mäkikotkien
on vaikea ymmärtää

Kulta kimaltaa
tappio kirveltää

Sanojen taika

S anat
sanotut
kenties
unohtuvat

kirjoitettuna
mieleeni tarttuvat
talteen
karttuvat

palautuvat
uudelleen
luettavaksi

kenties
uusiksikin
avautuvat

Haikuja ja haikurunoja

Niin lyhyesti
sanottavani sanon
kuin osaan taidan

Haikuja

Sileä poski
lapsella hehkuu punaa
elon aamussa

Elämän kevään,
vuodet vaihtuvat nopsaan
lumivalkeisiin

Sanoin unelmat
maalaan mielen kartalle
suuntaa etsimään

Haikuja

Taikapilvestä
taivaan silmät loistavat
luokses entävät

Totuudessasi
tunnet hyvän askeleet
onnellisemmat

Hetki pirtissä
päivä vasta alussa
pakkasaamun

Haikuja

Katsoin kauemmas
näenkö siellä sinut
rakas lemmitty

Äyskärissäni
hehkuu kultainen reuna
onnen valoa

Portailta katson
rakkauden puutarhamme
piiloon katselet

Nastaa

Talven viimoissa
lumikiteet lentää
vaakatasossa

Kinostuneina
muodostavat esteitä
tien käyttäjille

Lumipöllyssä
näköetäisyydelle
tuleekin rajat

Aurakalusto
avaa väylän ajolle
kuljettavaksi

Nopea kiitää
hitaiden ohi lujaa
heittää roskia

Pakkanen jäätää
tien pinnankin liukkaaksi
tasapainoilla

Nastakenkiä
käyttää ihmiset, autot
nastarenkaita

Näin pysyy tiellä
kulkijakin paremmin
kaatuu harvempii

Luovuttava

Itsenäisyytes
takarajalla tulee
surujen merkit

yön äänet, pelot
ne pitävät pihdeissä
elo kalpenee

saapuu harmaja
halla, raaka tappava
rujon kohtalo

astut iltaasi
katsomaan tähtiin, taivas
kirkkaana loistaa

avaruus soittaa
kutsusignaalin tulla
tähtitarhoihin

luovuttava on
rakkaistaan, maallisista
lepoon käytävä

Yhdistävää

Sanat soljuvat
yhdistävät lukijat
myös kirjoittajat

Aamuisin heti
riennän lukemaan runot
kaverin tekstit

Mielenkiinnolla
riimirivejä ahmin
ajatuskultaa

Inspiraation
vallassa jatkan liki
lukuhoukkana

Hulluudet pyörii
aivonystyröissäni
liki humallun

Facebook –sivu
meitä vielä yhdistää
runoilijoita

Sisällysluettelo

Justin Larman runokirjat

Elämän virrassa 2014, ISBN 9789522868176
Elämän kaarella 2015, ISBN 9789523185333
Elämän tyrskyissä 2015, ISBN 978952318622
Elämän pisaroita 2015, ISBN 9789523189584
Elämän sylissä 2015, ISBN 9789523189935
Väärän kuninkaan maa -15, ISBN 9789523301306

Kirjat julkaistu myös e-kirjoina

Mauri Laakkosen teokset

Kossina Taluksessa 2015, ISBN 9789523186484
Eriparisukat 2015, omakustanne runokirja yhteistyössä
Iitu-Olivia Laakkosen (14v) kanssa ei ISBN-numeroitu.